Ab 15 Jahren

Horst Hartmann

DaZ

AF558627

für Erwachsene

DEUTSCHKURS

Sprachszenen, Wortschatztraining, Rollenspiele, Situationstraining

... Sprachschulung für den Alltag

DaZ für Erwachsene

Sprachszenen, Wortschatztraining, Rollenspiele, Situationstraining

6. Auflage 2026

Inhalt: Horst Hartmann
Coverbild: © Artenauta & Coloures-pic - fotolia.com
Redaktion: Kohl-Verlag
Grafik & Satz: Kohl-Verlag
Druck: farbo prepress GmbH, Köln

Bestell-Nr. 11 888

ISBN: 978-3-96040-015-8

Bildquellen:

Seite 5 © photography, Dan Race, stokkete, fotoexodo & andongob - Fotolia.com; Seite 6 © faffls - Fotolia.com; Seite 7 © ViewApart - Fotolia.com; Seite 9 © Otto Durst, noche & guukaa - Fotolia.com; Seite 12 © davizro photography & euthymia - Fotolia.com; Seite 14 © Kadmy & Julia - Fotolia.com; Seite 15 © Volker Witt - Fotolia.com; Seite 17 © matimix - Fotolia.com; Seite 18 © blackday & M. Schuppich - Fotolia.com; Seite 21 © Marco2811 & ullrich - Fotolia.com; Seite 22 © Jan Engel - Fotolia.com; Seite 23 © Jan Engel & merfin - Fotolia.com; Seite 24 © Innovated Captures - Fotolia.com; Seite 25 © JiSign - Fotolia.com; Seite 26 © Horst Hartmann; Seite 27 © stokkete, fotoexodo & andongob - Fotolia.com; Seite 31 © blackday & M. Schuppich - Fotolia.com

Kontakt: Kohl-Verlag, An der Brennerei 37-45, 50170 Kerpen
Tel: +49 2275 331610, Mail: info@kohlverlag.de

Inhalt

Vorwort

Liebe Kolleginnen und Kollegen,

im Juli 2016 lebten offiziell weit über 50.000 unbegleitete minderjährige Jugendliche in Deutschland. Sie kommen aus Nordafrika, Afghanistan, Iran und aus dem Irak. Den Schwerpunkt bildet aber immer noch der Zuzug aus Syrien.

Und die große Flüchtlingswelle ist noch lange nicht zum Stillstand gekommen. Im Gegenteil: Die Anforderungen an die Organisatoren der Integrationskurse werden ständig größer. Und damit steigt auch das Maß an Vorbereitungszeit für die Deutschkurse.

Bei letzterem wollen Ihnen diese Handreichungen helfen. Einfache, altersgemäße Sprachszenen, Rollenspiele und entsprechendes Wortschatztraining mit wechselnden und motivierenden Methoden vermitteln jungen Erwachsenen die deutsche Sprache.

Obwohl die Aufgabenstellungen präzise gefasst sind, lässt die Umsetzung einen breiten Spielraum, sodass unabhängig vom jeweiligen Leistungsstand gearbeitet werden kann. Lösungen zu den meisten Aufgaben werden vorgegeben. Diese sind jedoch nur vorgeschlagene Lösungen. Die meisten Aufgaben erlauben nämlich individuelle Ergebnisse.

Viel Freude und Erfolg beim Einsatz der Materialien wünschen Ihnen das Redaktionsteam des Kohl-Verlages und

Horst Hartmann

Methodisch-didaktische Überlegungen

Dieser Band berücksichtigt sowohl die Lebensgewohnheiten in den Herkunftsländern der Migranten, als auch die Lebensart im deutschsprachigen Raum. Somit dienen die Texte nicht nur der Verbesserung des Sprachniveaus sondern auch der Integration in den westlichen Lebensraum.

Ausgewählt wurden Themen, die gerade am Anfang wichtig sind und die den Alltag der jungen Erwachsenen beherrschen. Anregungen aus dem Schülerkreis zu speziellen Themen sollten aufgegriffen und wenn möglich umgesetzt werden.

Der Schwerpunkt liegt dabei auf mündlicher Kommunikation, allerdings ohne dass die schriftliche Bearbeitung zu kurz kommt.

Die für die deutsche Sprache typischen pronominalen Anredeformen „du“ und „Sie“ sollten in einer gesonderten Unterrichtseinheit erarbeitet werden. Die Aufgabenstellungen in diesem Band sind durchgängig in der „Sie-Form“ gehalten.

Parallel zu dem angebotenen Material empfiehlt es sich, den Lernort möglichst oft außerhalb des Unterrichtsortes zu wählen. Natürlich sind diese externen Lernorte abhängig von der Lage des Schulungsortes, der Größe der Lerngruppe und den organisatorischen Möglichkeiten im Umfeld.

Der ergänzende Einsatz von Bild- und Tonmaterial hat sich ebenfalls als sehr hilfreich erwiesen. Die Hinweise an den Aufgaben empfehlen folgende Sozialform:

**Mit Schülern bzw. Lehrern sind im ganzen Band selbstverständlich auch die Schülerinnen und Lehrerinnen gemeint.*

Bedeutung der Symbole:

Einzelarbeit

Partnerarbeit

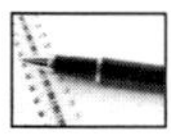
Schreibe ins Heft/ in deinen Ordner

Arbeiten in kleinen Gruppen

Arbeiten mit der ganzen Gruppe

1 Beim Doktor

EA

Aufgabe 1: *Lesen Sie den Text.*

Habiba ist krank. Sie hat Bauchschmerzen. Hassan geht mit seiner Schwester zum Arzt. Im Wartezimmer sitzen viele Patienten. Habiba setzt sich auf einen Stuhl. Hassan meldet sie an. Er zeigt ihre Krankenkassenkarte vor. Sie haben keinen Termin, aber Habiba ist ein Notfall. Sie muss nicht lange warten. „Frau Habiba Arazi, bitte!" Habiba geht in das Behandlungszimmer. Hassan stützt sie. Der Doktor gibt beiden die Hand. Dann fragt er: „Wo tut es denn weh?"

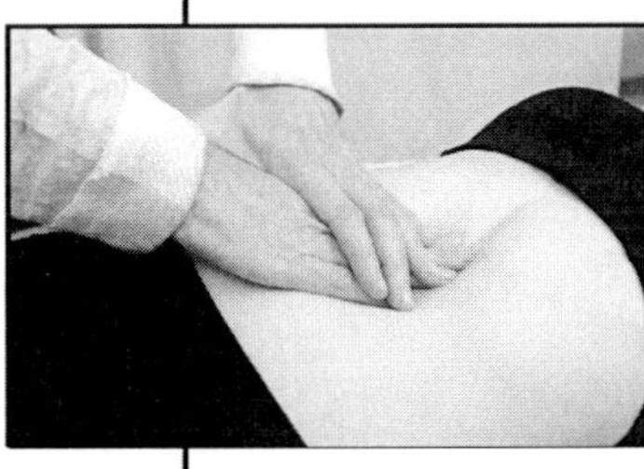

Habiba deutet auf ihren Bauch. Sie muss sich auf die Liege legen. Der Arzt untersucht sie. Dann gibt er Hassan ein Rezept für Tabletten. Habiba soll jeden Morgen und jeden Abend eine Tablette nehmen. Und sie soll heute im Bett bleiben. Hassan bringt seine Schwester nach Hause. Dann geht er in die Apotheke und holt die Tabletten.

EA

Aufgabe 2: *Tragen Sie möglichst viele verschiedene Sätze für die drei Personen in die Tabelle ein. Schreiben Sie auch in Ihr Heft.*

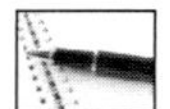

Sie sind:	Sie sagen:

GA

Aufgabe 3: *Bilden Sie eine Dreiergruppe. Jeder übernimmt eine Rolle (Doktor, Habiba, Hassan). Spielen Sie jetzt die Szene auswendig nach. Erfinden Sie möglichst viele neue Sätze.*

Danach tauschen Sie die Rollen, bis jeder einmal jede Rolle übernommen hat.

DaZ für Erwachsene
Sprachszenen, Wortschatztraining, Rollenspiele, Situationstraining - Bestell-Nr. 11 888

1 Beim Doktor

PA

Aufgabe 4: *Welche Krankheiten kennen Sie?*

Zählen Sie zusammen mit einem Partner möglichst viele Krankheiten auf, die Sie kennen.

***Beispiel**: Rückenschmerzen*

EA

Aufgabe 5: *Schreiben Sie die zusammen mit Ihrem Partner gefundenen Krankheiten auf.*

Waren Sie schon einmal krank? Was hatten Sie? Was haben Sie gegen die Krankheit getan?

Berichten Sie:

„ *Ich bin umgeknickt und hatte mir den Fuß verstaucht.*
Der Knöchel …

Es gibt fünf Arten von gesetzlichen Krankenkassen:

- **A**llgemeine **O**rtskranken**k**assen (AOK)
- **B**etriebs**k**ranken**k**assen (BKK)
- **I**nnungs**k**ranken**k**assen (IKK)
- **L**andwirtschaftliche **K**ranken-**k**assen (LKK)
- Knappschaft und die **E**rsatz**k**assen (EK).

Wo sind Sie und Ihre Freunde versichert? Welche Krankenkasse gibt es in Ihrer Nähe? Wie hoch sind die Kosten? Sammeln Sie Informationen bei Bekannten im Internet, in der Zeitung, im Telefonbuch usw.

⇨ *Ich bin in der AOK versichert. Die Filiale ist in …*

Was wird im Krankenhaus in diesen Abteilungen gemacht?

Dermatologie, Gynäkologie und Geburtshilfe, Innere Medizin, Orthopädie und orthopädische Chirurgie, Chirurgie, Unfallchirurgie, Urologie.

⇨ *In der Dermatologie werden Haut--erkrankungen behandelt.*

⇨ *In der …*

(Erkrankungen der inneren Organe, Frauenheilkunde, Operationen, Erkrankungen von Nieren und Blase, Probleme des Bewegungsapparats).

Beschreiben Sie Ihrem Freund, wie es im Wartezimmer eines Arztes aussieht.

„ *Im Wartezimmer sind viele Stühle für die Patienten.*
Auf einem Tisch liegen …

Folgende Vokabeln können Ihnen helfen:

Stühle, Tische, Zeitschriften, Getränke, Garderobe, Spielzeug für Kinder …

2 Shopping

Aufgabe 1: *Lesen Sie den Text.*

> Monira, Hawa und Kalila sind in der Stadt. Die Freundinnen gehen in ein großes Kaufhaus. Kalila möchte neue Schuhe kaufen. Und Monira braucht neue Shirts. Zuerst gehen sie in die Schuhabteilung. Kalila probiert 7 Paar Schuhe an. Sie braucht Größe 37. Darunter steht aber noch als Größe 4 ½. Kalila versteht das nicht. Hawa weiß aber, dass 37 die Größe in der EU ist. Umgerechnet ist das dann Größe 4 ½ im United Kingdom. Und in den USA ist das dann Größe 7. Kalila entscheidet sich für schwarze Schuhe mit 5 cm Absatz. Die Freundinnen gehen weiter in die Dessousabteilung. Hier gibt es viel zu sehen. Dann gehen sie in die Abteilung für Damen-Oberbekleidung. Hier kauft sich Monira zwei Shirts und eine neue Hose. Sie bummeln weiter durch die Schreibwarenabteilung, die Sport- und Freizeitabteilung, die Haushaltswarenabteilung und die Lederwarenabteilung. Hier kauft Hawa einen schönen Gürtel. Dann setzen sie sich in das Café und reden über das, was sie gesehen haben.

Aufgabe 2: *Bilden Sie kleine Gruppen von 3 oder 4 Personen. Stellen Sie sich vor, Sie sitzen in einem Café. Sie reden über das, was Sie in einem Kaufhaus kaufen würden. Geht in Gedanken durch möglichst viele Abteilungen: Aus jeder Abteilung dürfen Sie höchstens sechs Artikel mitnehmen. Was würden Sie kaufen. Begründen Sie Ihre Entscheidung.*

> **Beispiel**: Ich würde in der Schuhabteilung gerne ein paar Sportschuhe kaufen, damit ich joggen kann. Ich würde in der Textilabteilung gerne …

Aufgabe 3: *Suchen Sie sich einen Partner. Stellen Sie sich vor, Sie sind Reporter und beschreiben abwechselnd Ihre Kleidung.*

> **Beispiel**: Heute trägt Hassan eine Jeanshose.
> Heute trägt er …

Aufgabe 4: *Wer ist es? Suchen Sie sich in Gedanken eine dieser sieben Personen aus und beschreiben Sie die Kleidung. Achten Sie nicht nur auf die richtigen Begriffe, sondern auch auf die Farben (hell oder dunkel) und die Muster. Ihr Partner muss nun raten, wen Sie meinen. Danach wird gewechselt.*

> **Beispiel**: Er trägt ein weißes Hemd und eine Blue Jeans. (Es ist der 2. Mann von rechts.)

DaZ für Erwachsene
Sprachszenen, Wortschatztraining, Rollenspiele, Situationstraining - Bestell-Nr. 11 888

2 Shopping

EA

Aufgabe 5: *Ergänzen Sie diese Tabelle so gut Sie können.*

Art der Kleidung	Kleidung für Männer	Kleidung für Frauen
Schuhe	Schnürschuhe,	Stiefel,
Unterwäsche		
Freizeitkleidung		
Berufskleidung		
Festliche Kleidung		

Ihr Freund war noch nie in einem Kaufhaus. Erklären Sie ihm bitte, welche Abteilungen es da gibt und was man dort kaufen kann.

„ *Wenn du dir ein Handy kaufen möchtest, dann gehst du in die Multimediaabteilung. Dort findest du auch noch …*

Abteilungen:

- Multimediaabteilung
- Sportabteilung
- Damenkleidung
- Kinderkleidung
- Herrenkleidung
- Haushaltswaren
- Lebensmittel
- Schreibwaren
- Kosmetikabteilung

Aische geht gerne shoppen. Sie spricht darüber mit Mehmed, der keinen Spaß am Shoppen hat.

Schreiben Sie das Gespräch auf und spielen Sie es mit einem Partner nach.

„ *Beim Shoppen kann man so wunderbar entspannen. Man kann …*

„ *Ich finde Shoppen ist viel zu anstrengend. Es ist …*

Argumente:

Man kann entspannt bummeln, man kann viele Leute sehen, man kann neue Ideen bekommen, es gibt günstige Schnäppchen (Sale) …

Shoppen ist anstrengend, Shoppen ist langweilig, man gibt zu viel Geld aus, die Geschäfte sind zu voll …

KOHL VERLAG DaZ für Erwachsene Sprachszenen, Wortschatztraining, Rollenspiele, Situationstraining - Bestell-Nr. 11 888

3 Auf dem Amt

EA

Aufgabe 1: *Lesen Sie den Text.*

Dschamal und Fadi sind gerade in Deutschland angekommen. Das Bundesamt für Migration und Flüchtlinge (BAMF) hat einen Bürgerservice eingerichtet.

Dort wollen Dschamal und Fadi einen Asylantrag stellen. Sie haben einen Termin für heute bekommen.

Vor dem Bürgerservice warten viele Menschen. Dschamal und Fadi stellen sich an. Es geht nur langsam weiter. Endlich sind sie an der Reihe. **Formulare** werden ausgefüllt. Ihre **Fingerabdrücke** werden genommen. Dann wird ein **Foto** von ihnen gemacht. Bei der Erstanhörung werden sie zu verschiedenen Themen befragt.

So sollen sie z.B. die **Flagge ihres Landes** beschreiben und **in der Landessprache** bis 10 **zählen**. Es wird gefragt, auf **welcher Fluchtroute** sie nach Deutschland gekommen sind.

Fragen nach dem **Gesundheitszustand** und die Frage, warum keine **Dokumente** mitgenommen wurden, schließen sich an.

Endlich bekommen sie eine **Aufenthaltsgestattung**. Mit dieser Gestattung sind die Antragsteller legal in Deutschland. Sie gilt für die Dauer des **Asylverfahrens**.

PA

Aufgabe 2: *Sie sind Mitarbeiter im Bürgerservice. Ihr Partner will einen Asylantrag stellen. Führen Sie mit ihm ein ausführliches Gespräch. Benutzen Sie dabei unter anderem die fett gedruckten Begriffe aus dem Text.*

Beispiel: „Füllen Sie bitte diese Formulare aus."
„Können Sie mir bitte beim Ausfüllen helfen?"

KOHL VERLAG DaZ für Erwachsene
Sprachszenen, Wortschatztraining, Rollenspiele, Situationstraining - Bestell-Nr. 11 888

3 Auf dem Amt

EA

Aufgabe 3: *Lesen Sie den Text.*

In vielen Städten in Deutschland gibt es Migrationsberatungsstellen. Verschiedene Organisationen bieten hier eine kostenlose Migrationsberatung an, z.B. Arbeiterwohlfahrt, Bund der Vertriebenen, Deutscher Caritasverband, Diakonisches Werk der Evangelischen Kirchen in Deutschland, Deutscher Paritätischer Wohlfahrtsverband, Deutsches Rotes Kreuz, Zentralwohlfahrtsstelle der Juden in Deutschland und weitere.

Die Migrationsberatungsstelle für erwachsene Zuwanderer (MBE) gibt unter anderem Rat bei Fragen zu folgenden Themen:
Brauche ich eine Krankenversicherung? Zu welcher Ärztin oder welchem Arzt kann ich gehen? Wo kann ich Deutsch lernen? Muss ich den Kurs selbst zahlen? Wird mein Schulabschluss oder meine Ausbildung anerkannt? Wie und wo finde ich Arbeit? Wie finde ich eine Wohnung? Wie viel kostet eine Wohnung?

PA

Aufgabe 4: *Überlegen Sie zusammen mit Ihrem Partner, welche Antwort wohl richtig ist.*

Frage	Kreuzen Sie die richtige Antwort an.
Brauche ich eine Krankenversicherung?	☐ Nein. ☐ Es besteht eine Versicherungspflicht in der gesetzlichen Versicherung. ☐ Es besteht eine Versicherungspflicht in der privaten Versicherung.
Zu welcher Ärztin oder welchem Arzt kann ich gehen?	☐ Sie können in jede Arztpraxis oder in jedes Krankenhaus gehen. ☐ Die Beratungsstelle bestimmt, zu welchem Arzt Sie gehen. ☐ Sie dürfen zu keinem Arzt gehen.
Wo kann ich Deutsch lernen?	☐ Sie müssen Deutsch alleine lernen. ☐ Die Migrationsberatungsstelle für erwachsene Zuwanderer (MBE) kann Ihnen sagen, wo Integrationskurse angeboten werden. ☐ Sie müssen wieder zur Schule gehen.
Muss ich den Kurs selbst zahlen?	☐ Ja – aktuell müssen Sie sich mit 1,95 € an jeder Unterrichtsstunde beteiligen. ☐ Ja – Sie müssen alle Kosten alleine bezahlen. ☐ Nein – Sie bekommen sogar noch Geld.

KOHL VERLAG DaZ für Erwachsene
Sprachszenen, Wortschatztraining, Rollenspiele, Situationstraining - Bestell-Nr. 11 888

3 Auf dem Amt

Frage	Kreuzen Sie die richtige Antwort an.
Wird mein Schulabschluss anerkannt?	☐ Nein – Sie müssen die ganze Schulzeit wiederholen. ☐ Nein – Sie müssen aber nur die Prüfung wiederholen. ☐ Ja – In den Anerkennungsstellen können Sie Ihren Schulabschluss anerkennen lassen.
Wird meine Ausbildung anerkannt?	☐ Nein – Sie müssen die ganze Ausbildung wiederholen. ☐ Nein – Sie müssen aber nur die Prüfung wiederholen. ☐ Ja – in den Anerkennungsstellen können Sie Ihre Ausbildung anerkennen lassen.
Wie und wo finde ich Arbeit?	☐ Fragen Sie bei den Beratungsstellen und bei der Arbeitsagentur nach Hilfe. ☐ Die Migrationsberatungsstelle besorgt Ihnen Arbeit. ☐ In Deutschland, Österreich und der Schweiz braucht man nicht zu arbeiten.
Wie finde ich eine Wohnung?	☐ Eine Wohnung findet man bei den Beratungsstellen. ☐ Eine Wohnung findet man im Wohnungsamt, bei Immobilienmaklern, in der Zeitung oder im Internet. ☐ Sie brauchen sich keine Wohnung zu suchen.
Was kostet eine Wohnung?	☐ Die Wohnungen sind kostenlos. ☐ Die Wohnungen haben überall den gleichen Preis. ☐ Die Kosten für eine Wohnung sind regional unterschiedlich.

Jussef sucht eine Wohnung. Helfen Sie ihm mit Ihrem Rat.

„ *Gehe zu einem Immobilienmakler. Du kannst aber auch …*

Ihr Rat:

die Samstagsausgabe der Zeitung, beim Wohnungsamt, bei Banken und Sparkassen, am Info-Brett im Supermarkt …

Ein Polizist erklärt Ihnen die wichtigsten Regeln zum Fahrradfahren.

„ *Sie müssen auf dem Radwag fahren. Schalten Sie ...*

Regeln:

auf dem Radweg fahren, das Licht einschalten, die Ampeln beachten, Verkehrsschilder beachten, nicht zu zweit auf dem Rad, rechts fahren …

DaZ für Erwachsene
Sprachszenen, Wortschatztraining, Rollenspiele, Situationstraining - Bestell-Nr. 11 888

4 Im Supermarkt

EA

Aufgabe 1: *Lesen Sie den Text.*

Rashida und Zaynab wollen Lebensmittel einkaufen. Sie gehen in einen Supermarkt. In der Gemüseabteilung kaufen sie Tomaten, Zwiebeln und Zucchini. An der Fleischtheke kauft Zaynab Lammkoteletts und frisches Putenfleisch. Rashida stellt sich an der Käsetheke an. Sie kauft Schafskäse, Ziegenkäse und Mozzarella. Daraus möchte sie Halawet el Jibn machen. Danach kaufen sie noch 3 Fladenbrote und gehen zur Kasse. Sie legen ihre Waren auf das Fließband. Die Kassiererin tippt die Preise in die Kasse. Rashida bekommt den Kassenbon. Sie bezahlt und steckt das Wechselgeld ein. Zaynab bringt den Einkaufswagen zurück. Zusammen tragen sie dann die schwere Tasche nach Hause.

EA

Aufgabe 2: *Was bedeutet Ihrer Meinung nach das Mindesthaltbarkeitsdatum (MHD)? Kreuzen Sie bitte zwei richtige Antworten an.*

- ☐ Das Produkt kann man danach nicht mehr essen.
- ☐ Die Garantie des Herstellers ist danach abgelaufen.
- ☐ Danach muss man das Produkt wegwerfen.
- ☐ Kurz nach dem MHD ist das Produkt auch noch genießbar.

Sie möchten Lebensmittel für Ihr Frühstück einkaufen. Was kaufen Sie und was frühstücken Sie dann?

„ *Ich kaufe mir …*
Ich mische Quark, Joghurt und …

Vorschlag:

Joghurt, Milch, Müsli, Quark, Brot, Früchte, Haferflocken.

Nennen Sie möglichst viele Lebensmittel, die Sie gerne auf dem Grill zubereiten würden:

„ *Ich würde gerne Schisch Kebab grillen. Danach möchte ich … auf den Grill legen.*

Vorschlag:
Schisch Kebab, Geflügel, Lammfleisch, Rindfleisch, Schisch Tavuk, Fisch, Gemüse …

DaZ für Erwachsene
Sprachszenen, Wortschatztraining, Rollenspiele, Situationstraining - Bestell-Nr. 11 888

4 Im Supermarkt

EA

Aufgabe 3: *Wo finden Sie folgende Waren? Übertragen Sie die Tabelle in Ihr Heft und füllen Sie sie aus.*

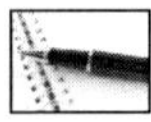

Arak – Bambussprossen – Brötchen – Brot – Eier – Energiedrink – Fleisch – Geflügel – Gemüse – Gummibärchen – Hülsenfrüchte – Hundefutter – Joghurt – Kartoffeln – Käse – Katzenfutter – Kuchen – Lammkotelett – Meeresfrüchte – Milch – Mineralwasser – Nudeln – Obst – Orangensaft – Pralinen – Reis – Schinken – Seife – Shampoo – Schokolade – Tabakwaren – Toilettenpapier – Tomaten – Tomatenmark – Vogelfutter – Wein – Whiskey – Weintrauben – Wurstwaren – Zigaretten

	Waren
Backwaren	
Fischwaren	
Frischfleisch/Wurst	
Getränke	
Hygieneartikel	
Konserven	
Kasse	
Molkereiprodukte/Käse	
Nahrungsmittel	
Obst/Gemüse	
Spirituosen	
Süßwaren	
Tierfutter	
Tiefkühlkost	

PA

Aufgabe 4: *Sie sind Kunde und Ihr Partner ist Verkäufer in einem Supermarkt. Fragen Sie ihn, wo Sie die Produkte aus Aufgabe 2 finden.*

Beispiel: „Können Sie mir bitte sagen, wo ich die Tomaten finde?“ „Die Tomaten sind in der Obst- und Gemüseabteilung direkt neben den Spirituosen.“

DaZ für Erwachsene
Sprachszenen, Wortschatztraining, Rollenspiele, Situationstraining - Bestell-Nr. 11 888

5 Flirten

EA

Aufgabe 1: *Lesen Sie den Text.*

Youssef ist seit 5 Monaten in Deutschland. Er besucht einen Sprachkurs. Aber Deutsch ist sehr schwer. Youssef geht oft in einen Supermarkt auf der Bahnhofstraße. Dort arbeitet Ulrike. Youssef mag sie, weil sie ihn immer anlächelt. Youssef möchte Ulrike gerne privat treffen.

EA

Aufgabe 2: *Wie spricht Youssef Ulrike an? Welche Fragen stellt er ihr? Und was könnte Ulrike antworten? Übertragen Sie die Tabelle in Ihr Heft und füllen Sie sie aus.*

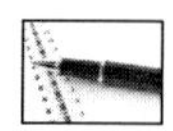

Youssef	Ulrike

PA

Aufgabe 3: *Spielen Sie mit Ihrem Partner das Gespräch nach. Versuchen Sie, möglichst viele interessante Sätze zu finden.*

Welche Orte eignen sich gut zum Flirten? Worüber spricht man?

Im Kino kann man gut über aktuelle Filme sprechen.

In …

Vorschlag:

Kino, Diskothek, Party, Sportveranstaltung, Fitness-Studio, Bushaltestelle, CD-Geschäft, Konzert …

Welche sozialen Netzwerke kennen Sie oder haben Sie schon zum Flirten benutzt?

Auf facebook kann man viele Leute kennenlernen. Ich habe …

Vorschlag:

facebook.com, twitter.com, instagram.com, whatsApp ...

6 Im Büro

Aufgabe 1: *Lesen Sie den Text.*

Leilah hat Glück. Sie hat eine Arbeit in einem Büro gefunden. Heute ist ihr erster Tag. Der Chef erklärt ihr, was sie machen soll. Dann fragt er Leilah, was sie schon kann. Er fragt nach folgenden Tätigkeiten: ein Fax verschicken – mit einem Kopierer arbeiten – E-Mails verschicken – Office-Programme am Rechner beherrschen – telefonieren – Rechnungen schreiben – Post sortieren – Post in Ordner ablegen.

Aufgabe 2: *Formulieren Sie die Fragen, die der Chef stellt. Schreiben Sie sie in Ihr Heft.*

Beispiel: „Haben Sie schon einmal ein Fax verschickt?"

Aufgabe 3: *Was antwortet Leilah?*

Fragen der Freundin	Tätigkeit	Antwort von Leilah
Was hast du zuerst gemacht?	ein Fax verschicken	
Und was hast du danach gemacht?	mit einem Kopierer arbeiten	
Was hast du nach der Frühstückspause gemacht?	mit einem Kopierer arbeiten	
Musstest du nie etwas schreiben?	Text mit Office-Programm schreiben	
Und was hast du am meisten gemacht?	telefonieren	
Ist dir etwas besonders schwer gefallen?	Rechnungen schreiben	
Und was war besonders einfach?	Post sortieren	
War etwas auch besonders langweilig?	Post in Ordner ablegen	

6 Im Büro

Bestellen Sie am Telefon neue Ware für eine Autowerkstatt.

Guten Morgen, ich habe da eine neue Bestellung. Können Sie uns bitte …

Vorschlag:

2 Fässer Motoröl, 5 Tuben Fett, 4 Bremsscheiben, 4 Reifen für ein Auto, 20 Scheibenwisch-Blätter …

Welche Geräte stehen/liegen auf Ihrem Schreibtisch?

Auf meinem Schreibtisch steht links ein Telefon. Daneben …

Vorschlag:

Telefon, Monitor, Tischkalender, Notizblock, Kugelschreiber, Taschenrechner …

Ihr Chef möchte Ihnen einen Brief diktieren …

Ich nehme einen Schreibblock und …

Tätigkeiten:

Einen Schreibblock und einen Stift holen, mitschreiben, an den Schreibtisch zurückgehen, Text am Rechner schreiben, Text drucken, Text zum Chef bringen …

Sie sollen eine Rechnung schreiben und dann zum nächsten Postkasten bringen.

Zuerst falte ich die Rechnung. Dann …

Vorschlag:

Rechnung falten, Briefumschlag holen, Rechnung eintüten, Umschlag verschließen, Briefmarke aufkleben, Brief zum Postkasten bringen.

Sie sollen die Post in verschiedenen Ordnern abheften.

Rechnungen hefte ich in den Rechnungsordner ein. Die …

Möglichkeiten:

Rechnungsordner, Mahnungsordner, Auftragsordner, Quittungsordner …

Sie haben Kaffeepause. Worüber sprechen Sie mit Ihren Kollegen?

Mein Bruder arbeitet in einem Kaufhaus …

Mögliche Themen:

Familie, Hobby, Arbeit, Chef …

DaZ für Erwachsene
Sprachszenen, Wortschatztraining, Rollenspiele, Situationstraining - Bestell-Nr. 11 888

7 Sportveranstaltung

EA

Aufgabe 1: *Lesen Sie den Text.*

Hassan ist begeistert. Die Blauen haben ein Tor geschossen. Ein sehr schönes Tor. Hassan ist es egal, welche Mannschaft gewinnt. Er mag einfach guten Fußball. In seiner Heimat hat Hassan selbst Fußball gespielt. Fußball ist in Syrien die Sportart Nummer 1. Genau wie in Deutschland, Österreich und der Schweiz. Daneben gibt es in seinem Heimatland noch Basketball, Badminton, Leichtathletik, Wassersport, Radsport, Tennis und Billard. Wintersport gibt es in Syrien aber kaum. Es fehlt der Schnee.

EA

Aufgabe 2: *Ordnen Sie bitte zu.*

Tennis, Badminton

Basketball

Wassersport

Billard

Einen Ball in einen Korb werfen.

Kugeln mit einem Queue stoßen.

Laufen, Werfen und Springen.

Einen Ball über ein Netz schlagen.

Einen Ball in ein Tor schießen.

Möglichst schnell schwimmen.

Mit einem Rad möglichst schnell fahren.

Auf Skiern einen Berg runterfahren.

Leichtathletik

Fußball

Wintersport

Radsport

Sie sind Sportreporter und berichten über ein Fußballspiel.

„Der Stürmer rennt die Seitenlinie entlang. Er …

Wortliste:

dribbeln, flanken, köpfen, passen, schießen, rennen, Schiedsrichter, Abseits, Foul, Torwart, Stürmer, Ball…

Erklären Sie einem Freund den Unterschied zwischen Handball und Basketball.

„Der Handball viel kleiner als der Basketball …

Vorschlag:

Ballgröße, Anzahl der Spieler, Spielzeit, Spielregeln, Ziel des Spieles, Wertung des Spieles …

DaZ für Erwachsene
Sprachszenen, Wortschatztraining, Rollenspiele, Situationstraining - Bestell-Nr. 11 888

8 Computer, Smartphone & Co

EA

PA

Aufgabe 1: *Ordnen Sie diese PC-Komponenten richtig zu.*

CD-ROM – externe Festplatte – Handy – Laptop – Monitor – PC-Maus – Rechner – SD-Speicherkarte – Spielecontroller – Tablet-PC – Tastatur – USB-Stick

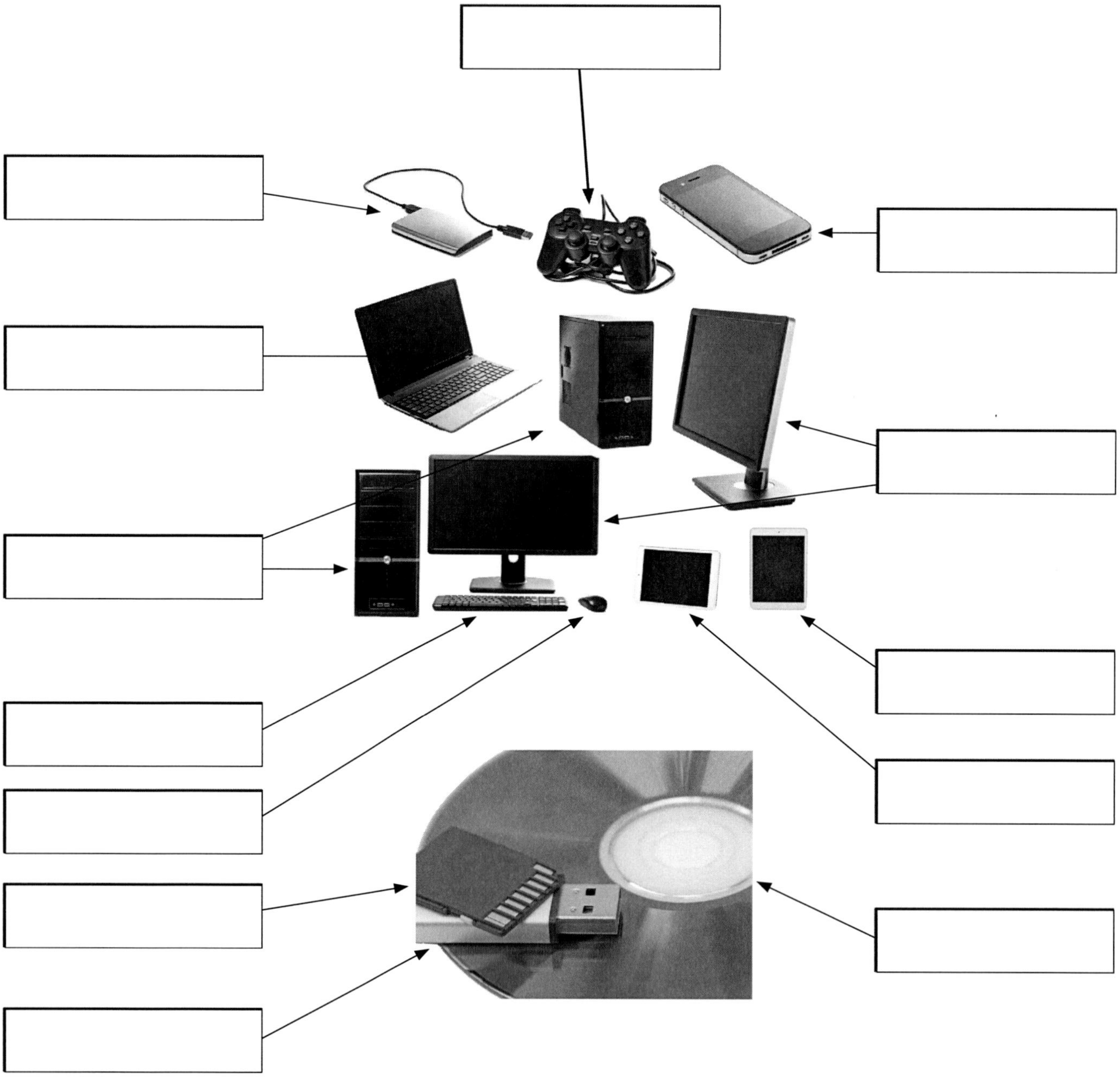

8 Computer, Smartphone & Co

EA

Aufgabe 2: *Fügen Sie diese Begriffe an der richtigen Stelle in den Text ein.*

Rechner hochfahren – Passwort – Texte schreiben – Office-Programme – Nachrichten lesen – E-Mails verschicken – booten – Informationen – sammeln – E-Mails abrufen – ins Internet einloggen – Musik hören – zocken – Videos schauen – Computerspiele – Kosten – Rechner – runterfahren – Daten sichern

Wenn ich mit dem PC arbeiten möchte, muss ich zuerst den ____________________ ______________________________. Das nennt man auch __________________. Dann logge ich mich mit meinem ______________________________ ein. Jetzt kann ich zum Beispiel ______________ ____________________ oder __________________________ ______________________, ______________ ____________________ oder andere ____ benutzen. Ich kann mich aber auch __________ ______________________ ________________________, um zum Beispiel _________________________ zu ___________________, ____________________ zu __________________ oder einfach nur _______________ zu ________________ oder ____________________ zu _____________________. Natürlich kann ich auch online ________________. Es gibt viele __________________________ im Internet. Allerdings sollte ich aufpassen, ob bei den Spielen _____________________ entstehen.

Wenn ich den Computer nicht mehr nutzen will, dann sollte ich die ________________ __________________ und den ________________ wieder _______________________.

DaZ für Erwachsene
Sprachszenen, Wortschatztraining, Rollenspiele, Situationstraining - Bestell-Nr. 11 888
KOHL VERLAG

8 Computer, Smartphone & Co

Es gibt unter anderem einen Laptop und einen Tablet-PC. Erklären Sie die Unterschiede.

" *Der Laptop ist größer und schwerer als der Tablet-PC …*

Vorschlag:

Tastatur, Speichermedien, Monitor, Größe, Gewicht …

Was können Sie mit einem Smartphone alles machen?

" *Mit dem Smartphone kann man telefonieren. Man kann …*

Vorschlag:

telefonieren, chatten, PC-Spiele, online gehen, fotografieren, Musik abspielen …

Ein Smartphone gibt es prepaid oder mit Vertrag. Welche Unterschiede kennen Sie?

" *Ein Handyvertrag läuft meistens 2 Jahre …*

Vorschlag:

Vertrag läuft oft 2 Jahre, man ist nicht flexibel, man hat viel Datenvolumen, Prepaid muss man vorher aufladen, Abrechnung z.B. nach Minuten.

Welche Gefahren lauern im Internet?

" *Eine große Gefahr sind Trojaner. Trojaner sind …*

Vorschlag:

Trojaner, Würmer, Spammails, Phishingmails.

Sie möchten Ihre Dateien abspeichern. Welche Speichermedien kennen Sie?

" *Wichtige Daten kann ich auf eine CD-Rom brennen. Ich kann …*

Vorschlag:

CD-Rom, Blue-Ray Disc, USB-Stick, Speicherkarten, externe Festplatte …

Welche Arten von PC-Spielen kennen Sie?

" *Ich kenne die Actionspiele Outcast und …*

Vorschlag:

Actionspiele, Abenteuerspiele, Simulationsspiele, Strategiespiele …

KOHL VERLAG
DaZ für Erwachsene
Sprachszenen, Wortschatztraining, Rollenspiele, Situationstraining - Bestell-Nr. 11 888

9 Berufe

EA

Aufgabe 1: *Lesen Sie den Text.*

Info: Es gibt zur Zeit etwa 350 anerkannte Ausbildungsberufe und zahlreiche andere Tätigkeiten im deutschsprachigen Raum. Die wichtigsten Berufe werden nach diesen beiden Kriterien unterschieden:

1. Produktionsberufe: Berufe, in denen etwas hergestellt wird. Dazu gehören unter anderem:
   - Bauberufe: Maurer, Dachdecker, Gerüstbauer ...
   - Holzverarbeitende Berufe: Tischler, Schreiner ...
   - Metallverarbeitende Berufe: Maschinenbauer, Mechaniker ...
   - Elektroberufe: Elektroinstallateur, EDV-Techniker

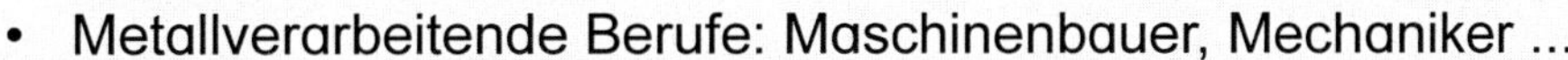

2. Dienstleistungsberufe: Berufe, in denen man überwiegend mit Menschen arbeitet. Dazu gehören unter anderem:
   - Kaufmännische Berufe: Einzelhandelskaufmann, Bankkaufmann ...
   - Berufe im Bildungs- und Erziehungsbereich: Erzieher, Lehrer,
   - Berufe im Sozialbereich: Krankenpfleger, Altenpfleger, Sozialarbeiter…
   - Berufe im öffentlichen Dienst: Polizei, Justiz

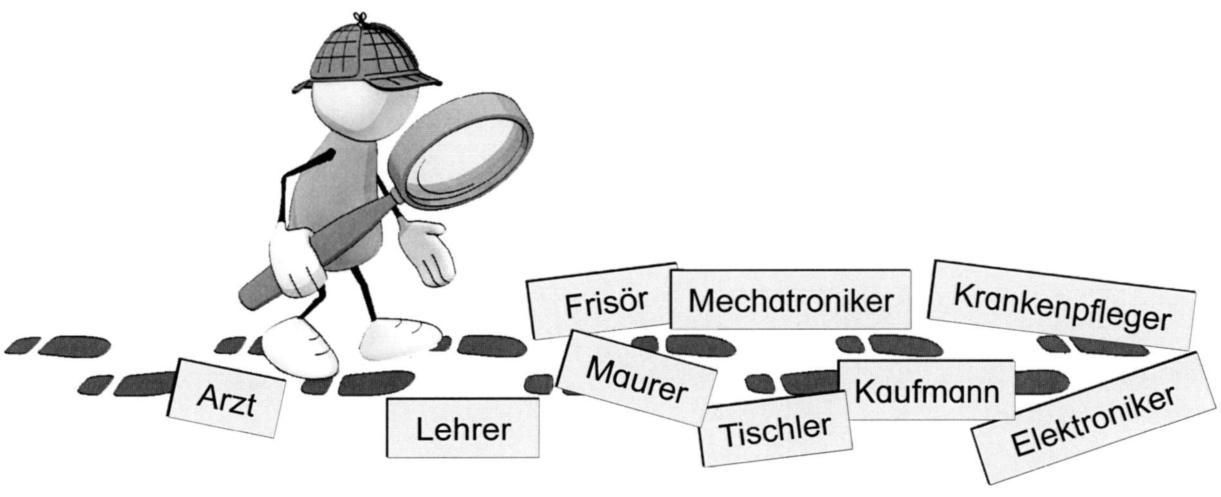

DaZ für Erwachsene
Sprachszenen, Wortschatztraining, Rollenspiele, Situationstraining - Bestell-Nr. 11 888
KOHL VERLAG

Körperliche Fähigkeiten

Aufgabe 2: *Das kann ich! Kreuzen Sie an.*

Fähigkeiten	Beispiele	Kann ich gut	Kann ich ein wenig	Kann ich nicht gut
Körperlich arbeiten	Kraft haben, beweglich sein, körperliche Grenzen kennen			
Gute Ausdauer haben	Lange Wege gehen können, eine Tätigkeit lange durchhalten			
Handwerkliche Fähigkeiten haben	Etwas reparieren können, im Garten arbeiten, gut basteln können			
Geschicklichkeit haben	Technisches Geschick haben, Fingerfertigkeit haben			
Gutes Gehör haben	Verschiedene Töne erkennen, leise Töne hören können			
Gute sehen können	Farben unterscheiden können, kleine Dinge erkennen können			
Gut riechen und gut schmecken können	Düfte unterscheiden können, Geschmacksrichtungen erkennen können			

Es gibt den Beruf des Verkäufers/der Verkäuferin. Wo können Sie diesen Beruf ausüben?

„In der Bäckerei kann ich Kuchen, Brot und Brötchen verkaufen. In der …

Vorschlag:

Bäckerei, Tankstelle, Apotheke, Supermarkt, Metzgerei, Textilgeschäft, Elektronikladen ...

Welches ist Ihr Traumberuf? Begründen Sie bitte.

„Mein Traumberuf ist KFZ-Mechatroniker. Ich arbeite gerne mit …

Vorschlag:

KFZ-Mechatroniker, IT-Techniker, Arzt, Architekt ...

KOHL VERLAG DaZ für Erwachsene Sprachszenen, Wortschatztraining, Rollenspiele, Situationstraining - Bestell-Nr. 11 888

9 Berufe

Geistige Fähigkeiten

EA

Aufgabe 3: *Das kann ich! Kreuzen Sie an.*

Fähigkeiten	Beispiele	Kann ich gut 🙂	Kann ich ein wenig 😐	Kann ich nicht gut 🙁
Sich gut konzentrieren können	Trotz Ablenkung bei der Sache bleiben, eine Sache zielstrebig verfolgen können			
Logisches Denken	Rückschlüsse ziehen können, Vergleiche ziehen können			
Sprachliche Begabung haben	Etwas mündlich oder schriftlich gut erklären können			
Mathematische Begabung haben	Mathematische Probleme erkennen und lösen können			
Künstlerische Begabung haben	Malen, zeichnen, musizieren, tanzen und gestalten können			
Soziale Fähigkeiten haben	Im Team arbeiten können, kontaktfreudig sein, Menschen beraten und pflegen können			

GA

Aufgabe 4: *Ein Schüler bekommt einen Zettel mit einem Beruf. Danach stellen die Mitschüler ihm Fragen zu Details seiner Tätigkeit. Wer als erster den richtigen Beruf errät, bekommt den nächsten Berufszettel.*

Mögliche Fragen sind unter anderen:

- Arbeitest du draußen?
- Arbeitest du drinnen?
- Stellst du etwas her?
- Baust du etwas zusammen?
- Reparierst du etwas?
- Arbeitest du mit Maschinen?
- Unterrichtest und erziehst du Menschen?
- Arbeitest du alleine oder arbeitest du im Team?
- Arbeitest du mit jungen oder mit älteren Menschen?
- Arbeitest du mit Menschen?
- Berätst du Menschen?
- Pflegst du Menschen?
- Bedienst du Maschinen?

10 Freizeit

Aufgabe 1: *Lesen Sie den Text.*

Abdullah und Hassan sind arbeitslos. Sie haben viel Freizeit. Sie haben Langeweile. Jetzt sitzen sie im Park und überlegen, was sie in ihrer Freizeit machen sollen.

Aufgabe 2: *Finden Sie in dem Suchsel folgende Freizeitbeschäftigungen und markieren Sie.*

Fußball – Inlineskaten – Basketball – Radtouren – Brettspiele – Kartenspiele – Billard – Darts

				O	D									S	P				
		X	L	P	M	D	K					L	M	U	P	O	E		
	M	K	Q	Z	I	O	F	X			L	B	X	C	A	Z	W	B	
	D	B	D	G	E	K	B	Y			R	C	G	G	K	R	C	I	
Y	A	B	B	R	E	T	T	S	P	I	E	L	E	J	M	T	F	L	R
H	R	E	V	Z	G	U	Y	U	E	R	A	F	G	S	Q	J	Y	L	Y
G	T	P	U	K	A	R	T	E	N	S	P	I	E	L	E	Z	U	A	T
D	S	I	Y	F	X	N	G	S	S	L	B	N	T	O	H	L	U	R	Z
J	L	T	I	N	L	I	N	E	S	K	A	T	E	N	S	G	S	D	U
G	V	F	K	K	T	H	U	V	E	V	Q	T	J	O	X	L	Y	E	C
	M	Q	B	A	S	K	E	T	B	A	L	L	D	C	L	Z	J	F	
	P	F	X	G	R	D	K	K	C	B	R	O	V	F	U	E	O	Y	
		B	O	I	J	R	T	F	U	ß	B	A	L	L	H	R	F		
			C	V	X	P	C	T	E	X	L	R	B	Q	S	H			
					S	R	A	D	T	O	U	R	E	N					
						A	X	N	P	K	R	N	H						
							M	N	N	N	H	F							
								K	D	A	I								
								T	M	W	N								
									G	F									

Aufgabe 3: *Bilden Sie mit den Begriffen aus dem Suchsel ganze Sätze und schreiben Sie sie in Ihr Heft.*

Beispiel: Ich würde in meiner Freizeit gerne **Fußball spielen.**

Aufgabe 4: *Diskutieren Sie mit Ihrem Partner, was Sie gerne in Ihrer Freizeit machen würden. Benutzen Sie alle Begriffe aus dem Suchsel.*

Beispiel:

Partner 1: Ich würde in meiner Freizeit gerne Fußball spielen.

Partner 2: Ich spiele nicht gerne Fußball. Ich würde in meiner Freizeit lieber Inlineskaten.

DaZ für Erwachsene
Sprachszenen, Wortschatztraining, Rollenspiele, Situationstraining - Bestell-Nr. 11 888
KOHL VERLAG

10 Freizeit

PA

Aufgabe 5: *Eine Freizeitmöglichkeit wäre auch der Besuch in einem Fitnessstudio. Diskutieren Sie mit Ihrem Partner die Vorteile und die Nachteile.*

Welche Brettspiele kennen Sie? Beschreiben Sie das Ziel der Spiele.

„Backgammon ist ein Spiel für 2 Personen …

Vorschlag:

Backgammon, Mancala, Schach …

Welche Kartenspiele kennen Sie? Beschreiben Sie das Ziel der Spiele.

„Bis zu 4 Personen können Pisti spielen.

Gespielt wird mit …

Vorschlag:

Pisti, Okey, Skat…

Wo können Sie in Ihrer Freizeit joggen?

„Ich jogge in meiner Freizeit im …

Vorschlag:

Stadtpark, Straße, Sportplatz, vor der Stadt …

Welches Buch haben Sie schon gelesen?

„Das Buch handelt von einem jungen Flüchtling. Es heißt …

Vorschlag:

Buchtitel, Personen, Ort der Handlung, Handlung, Zeit der Handlung …

DaZ für Erwachsene
Sprachszenen, Wortschatztraining, Rollenspiele, Situationstraining - Bestell-Nr. 11 888

11 Nach dem Weg fragen

EA

Aufgabe 1: *Lesen Sie den Text.*

Süleyman ist neu in der Stadt. Er soll mit dem Fahrrad zu seinem Integrationskurs in die Geschwister-Scholl-Schule in der Neustraße fahren. Doch Süleyman kennt sich nicht aus. Er fragt einen Mann: „Wo finde ich die Geschwister-Scholl-Schule?" „Da biegst du die nächste Straße rechts ab. Dann fährst du 350 Meter geradeaus. An der Ampel biegst du links ab. Das ist die Bahnhofstraße. Hier fährst du weiter bis zur Tankstelle. Die 2. Ausfahrt im Kreisverkehr ist die Neustraße. Deine Schule findest du nach etwa 500 Metern auf der rechten Seite."

PA

Aufgabe 2: *Bitten Sie Ihren Partner, Ihnen den Weg von (A) nach (B) zu beschreiben.*

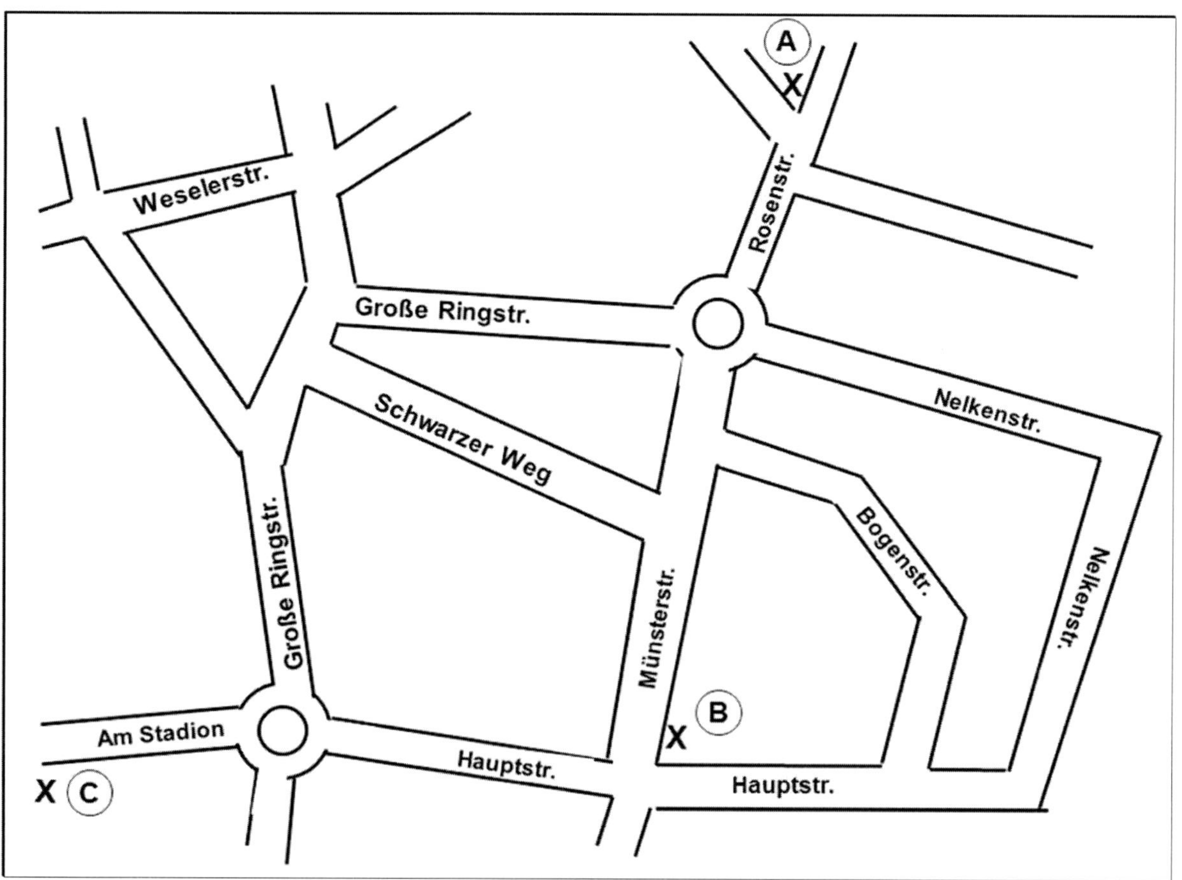

PA

Aufgabe 3: *Beschreiben Sie Ihrem Partner den Weg von (A) nach (C).*

DaZ für Erwachsene
Sprachszenen, Wortschatztraining, Rollenspiele, Situationstraining - Bestell-Nr. 11 888
KOHL VERLAG

Die Lösungen

1 Beim Doktor

Aufgabe 2: individuelle Lösung, z. B.:

Sie sind:	Sie sagen:
	Wo haben Sie Schmerzen? Seit wann haben Sie die Schmerzen? Legen Sie sich bitte hin. Drehen Sie sich bitte um. Atmen Sie bitte tief ein. Sie müssen Tabletten nehmen. Sie müssen ins Krankenhaus. Sie haben Fieber. Sie müssen heute im Bett bleiben. Sie sind gesund.
	Ich habe Bauchschmerzen. Ich muss erbrechen. Mein Kopf tut weh. Mir ist schwindelig. Mein Bein tut weh. Ich kann nicht laufen.
	Meine Schwester ist krank. Hier ist ihre Krankenkassenkarte. Wir haben keinen Termin. Ich brauche diese Tabletten.

Aufgabe 5: Lösungsvorschlag:

Rückenschmerzen, Herzkrankheit, Zuckerkrankheit, Krebs, Magenkrankheit, Gelenkkrankheit, Lungenerkrankung, Kopfschmerzen, Hauterkrankungen, Hoher Blutdruck.

2 Shopping

Aufgabe 2: Lösungsvorschlag:

Ich würde in der **Schuhabteilung** gerne ein paar **Sportschuhe** kaufen, damit ich joggen kann. Ich würde in der **Textilabteilung** gerne eine **Jeans**, neue **T-Shirts**, ein Paar **Socken** und eine **Jacke** kaufen. In der **Schmuckabteilung** würde ich mir eine **Armbanduhr** und eine **Halskette** kaufen. Und für meine Mutter **Ohrringe**. In der **Elektroabteilung** würde ich mir gerne ein **Handy** kaufen. In der **Kosmetikabteilung** würde ich mir **Shampoo**, ein **Duschgel** und **Rasierwasser** kaufen. In der **Sportabteilung** würde ich mir gerne ein **Fußballtrikot** und einen **Jogginganzug** kaufen. Und ein Paar **Inlineskates**. In der **Schreibwarenabteilung** würde ich mir gerne einen **Stadtplan** und ein **Buch** kaufen. In der **Haushaltswarenabteilung** würde ich mir gerne neue **Gläser** und **Tassen** kaufen. In der **Getränkeabteilung** würde ich mir gerne **Orangensaft**, **Mineralwasser** und eine Flasche **Rotwein** kaufen.

Aufgabe 3: individuelle Lösung

Aufgabe 4: Lösungsvorschlag:

Er trägt ein weißes Hemd und eine Blue Jeans. Es ist der 2. Mann von rechts. Sie trägt ein weißes Shirt ohne Ärmel und eine dunkle, lange Hose. Es ist die blonde Frau rechts. Sie trägt einen kurzen, gemusterten Rock, ein dunkles Shirt und eine kurze Weste. Es ist die 3. Person von rechts. Er trägt eine Blue Jeans und ein T-Shirt. Es ist der Mann in der Mitte. Sie trägt eine Blue Jeans und eine gemusterte weiße Bluse ohne Ärmel. Es ist die 3. Person von links. Er trägt eine braune Hose, ein weißes T-Shirt ohne Ärmel und eine Sonnenbrille. Es ist der Mann auf der linken Seite. Sie trägt eine Blue Jeans, eine dunkle Bluse ohne Ärmel und eine offene gleichfarbige Weste. Es ist die Frau auf der linken Seite.

Aufgabe 5: Lösungsvorschlag:

Art der Kleidung	Kleidung für Männer	Kleidung für Frauen
Schuhe	Schnürschuhe, Slipper, Stiefel, Sportschuhe, Sandalen, Sneaker	Stiefel, Sandalen, Pumps, High Heels, Ballerinas, Sneaker, Sportschuhe
Unterwäsche	Boxershorts, Slip, Unterhemd	Slip, Unterhemd, BH
Freizeitkleidung	Shirt, Hemd, Jeanshosen, Shorts, Jogginganzug	Jeanshosen, Hosen, Kleid, Rock, Shorts, Bluse, Shirt
Berufskleidung	Anzug, Hemd, Krawatte, berufsbezogene Kleidung.	Rock, Kleid, Bluse, Sakko, berufsbezogene Kleidung
Festliche Kleidung	Anzug, Hemd, Krawatte, Fliege, Smoking	Rock, Kleid, Bluse, Abendkleid

DaZ für Erwachsene
Sprachszenen, Wortschatztraining, Rollenspiele, Situationstraining - Bestell-Nr. 11 888

Die Lösungen

3 Auf dem Amt

Aufgabe 2: individuelle Lösung, z.B.: „Füllen Sie bitte diese Formulare aus.“ „Können Sie mir bitte beim Ausfüllen helfen?“ „Wir müssen jetzt Ihre Fingerabdrücke nehmen.“ „Warum?“ „Damit wir Sie leichter identifizieren können.“ „Jetzt machen wir noch ein Foto von Ihnen.“ „Wozu brauchen Sie das Foto?“ „Das Foto ist für Ihre Papiere.“ „Sie kommen aus Syrien? Beschreiben Sie mir doch bitte die Flagge Ihres Landes.“ „Unsere Flagge hat drei gleich große horizontale Streifen. Diese sind rot, weiß und schwarz. Auf der weißen Fläche sind zwei kleine grüne Sterne mit 5 Zacken.“ „Können Sie mir die Zahlen von 1-10 in Ihrer Sprache aufschreiben?“ „Ja – das kann ich, aber wir schreiben von rechts nach links: ٢ ٣ ٤ ٥ ٦ ٧ ٨ ٩ ١٠ ١ ٢ ist also die 10 und ١ ist die 1.“ „Auf welcher Fluchtroute sind Sie nach Deutschland gekommen?“ „Wir haben die Östliche Mittelmeerroute gewählt. Von der Türkei aus sind wir dann über Bulgarien, Rumänien, Ungarn und die Slowakei nach Deutschland gereist.“ „Welche Krankheiten haben Sie?“ „Ich bin nicht krank – ich bin gesund.“ „Und warum haben Sie keine Dokumente dabei?“ „Meine Papiere habe ich während der Flucht verloren.“ „Ok – haben Sie noch Fragen?“ „Ja, was bedeutet diese Aufenthaltsgestattung für mich?“ „Mit der Aufenthaltsgestattung sind Sie legal in Deutschland. Sie gilt solange, wie das Asylverfahren läuft.“

Aufgabe 4:

Brauche ich eine Krankenversicherung? – Es besteht eine Versicherungspflicht in der gesetzlichen Versicherung.

Zu welcher Ärztin oder welchem Arzt kann ich gehen? – Sie können in jede Arztpraxis oder in jedes Krankenhaus gehen.

Wo kann ich Deutsch lernen? – Die Migrationsberatungsstelle für erwachsene Zuwanderer (MBE) kann Ihnen sagen, wo Integrationskurse angeboten werden.

Muss ich den Kurs selbst zahlen? – Ja – aktuell müssen Sie sich mit 1,95 € an jeder Unterrichtsstunde beteiligen.

Wird mein Schulabschluss anerkannt? – Ja – In den Anerkennungsstellen können Sie Ihren Schulabschluss anerkennen lassen.

Wird meine Ausbildung anerkannt? – Ja – In den Anerkennungsstellen können Sie Ihre Ausbildung anerkennen lassen.

Wie und wo finde ich Arbeit? – Fragen Sie bei den Beratungsstellen und bei der Arbeitsagentur nach Hilfe.

Wie finde ich eine Wohnung? – Eine Wohnung findet man im Wohnungsamt, bei Immobilienmaklern, in der Zeitung oder im Internet.

Was kostet eine Wohnung? – Die Kosten für eine Wohnung sind regional unterschiedlich.

4 Im Supermarkt

Aufgabe 2: Richtige Aussagen: Die Garantie des Herstellers ist danach abgelaufen.
Kurz nach dem MHD ist das Produkt auch noch genießbar.

Aufgabe 3: individuelle Lösung, z. B.:

	Waren
Backwaren	Brot, Brötchen, Kuchen
Fischwaren	Meeresfrüchte
Frischfleisch/Wurst	Lammkotelett, Geflügel, Schinken, Wurstwaren, Fleisch
Getränke	Mineralwasser, Orangensaft, Energiedrinks
Hygieneartikel	Shampoo, Seife, Toilettenpapier
Konserven	Tomatenmark, Bambussprossen
Kasse	Zigaretten, Tabakwaren
Molkereiprodukte/Käse	Käse, Milch, Joghurt
Nahrungsmittel	Eier, Nudeln, Reis
Obst/Gemüse	Gemüse, Hülsenfrüchte, Kartoffeln, Tomaten, Weintrauben
Spirituosen	Wein, Whiskey, Arak
Süßwaren	Schokolade, Pralinen, Gummibärchen
Tierfutter	Katzenfutter, Hundefutter, Vogelfutter
Tiefkühlkost	Meeresfrüchte

DaZ für Erwachsene
Sprachszenen, Wortschatztraining, Rollenspiele, Situationstraining - Bestell-Nr. 11 888

Die Lösungen

4 Im Supermarkt

Aufgabe 4: individuelle Lösung, z. B.:

„Können Sie mir bitte sagen, wo ich die Bambussprossen finde?"
„Die Bambussprossen sind in der Konservenabteilung direkt neben den Hygieneartikeln."

„Können Sie mir bitte sagen, wo ich den Arak finde?"
„Der Arak ist in der Spirituosenabteilung direkt neben der Obst- & Gemüseabteilung."

„Können Sie mir bitte sagen, wo ich die Tomaten finde?"
„Die Tomaten sind in der Obst- & Gemüseabteilung direkt neben den Spirituosen."

„Können Sie mir bitte sagen, wo ich die Brötchen finde?"
„Die Brötchen sind in der Backwarenabteilung direkt neben den Fleisch- und Wurstwaren."

„Können Sie mir bitte sagen, wo ich das Brot finde?"
„Das Brot ist in der Backwarenabteilung direkt neben den Fleisch- und Wurstwaren."

„Können Sie mir bitte sagen, wo ich die Eier finde?"
„Die Eier sind in der Abteilung für Nahrungsmittel direkt vor der Kasse."

„Können Sie mir bitte sagen, wo ich die Energiedrinks finde?"
„Die Energiedrinks sind in der Getränkeabteilung direkt neben den Spirituosen."

„Können Sie mir bitte sagen, wo ich das Fleisch finde?"
„Das Fleisch ist in der Frischfleischabteilung direkt neben den Backwaren."

„Können Sie mir bitte sagen, wo ich das Geflügel finde?"
„Das Geflügel ist in der Frischfleischabteilung direkt neben den Backwaren."

„Können Sie mir bitte sagen, wo ich die Gummibärchen finde?"
„Die Gummibärchen sind in der Süßwarenabteilung direkt neben dem Tierfutter."

„Können Sie mir bitte sagen, wo ich das Hundefutter finde?"
„Das Hundefutter ist in der Abteilung für Tierfutter direkt neben den Süßigkeiten."

„Können Sie mir bitte sagen, wo ich die Hülsenfrüchte finde?"
„Die Hülsenfrüchte sind in der Obst- & Gemüseabteilung direkt vor den Backwaren."

„Können Sie mir bitte sagen, wo ich die Kartoffeln finde?"
„Die Kartoffeln sind in der Obst- & Gemüseabteilung direkt vor den Backwaren."

„Können Sie mir bitte sagen, wo ich das Katzenfutter finde?"
„Das Katzenfutter ist in der Abteilung für Tierfutter direkt neben den Süßigkeiten."

„Können Sie mir bitte sagen, wo ich den Joghurt finde?"
„Der Joghurt ist in der Abteilung für Molkereiprodukte direkt hinter der Tiefkühlkost."

Können Sie mir bitte sagen, wo ich den Käse finde?"
Der Käse ist in der Abteilung für Molkereiprodukte direkt hinter der Tiefkühlkost."

„Können Sie mir bitte sagen, wo ich den Kuchen finde?"
„Der Kuchen ist in der Backwarenabteilung direkt neben den Fleisch- und Wurstwaren."

„Können Sie mir bitte sagen, wo ich die Lammkoteletts finde?"
„Die Lammkoteletts sind in der Frischfleischabteilung direkt neben den Backwaren."

„Können Sie mir bitte sagen, wo ich das Mineralwasser finde?"
„Das Mineralwasser ist in der Getränkeabteilung direkt neben den Spirituosen."

„Können Sie mir bitte sagen, wo ich die Milch finde?"
„Die Milch ist in der Abteilung für Molkereiprodukte direkt hinter der Tiefkühlkost."

„Können Sie mir bitte sagen, wo ich die Meeresfrüchte finde?"
„Die Meeresfrüchte sind in der Abteilung für Tiefkühlkost direkt vor den Molkereiprodukten."

„Können Sie mir bitte sagen, wo ich die Nudeln finde?"
„Die Nudeln sind in der Abteilung für Nahrungsmittel direkt vor der Kasse."

„Können Sie mir bitte sagen, wo ich das Obst finde?"
„Das Obst ist in der Obst- & Gemüseabteilung direkt vor den Backwaren."

„Können Sie mir bitte sagen, wo ich die Kartoffeln finde?"
„Die Kartoffeln sind in der Obst- & Gemüseabteilung direkt vor den Backwaren."

„Können Sie mir bitte sagen, wo ich den Orangensaft finde?"
„Der Orangensaft ist in der Getränkeabteilung direkt neben den Spirituosen."

„Können Sie mir bitte sagen, wo ich die Pralinen finde?"
„Die Pralinen sind in der Süßwarenabteilung direkt neben dem Tierfutter."

Die Lösungen

4 Im Supermarkt

Aufgabe 4: „Können Sie mir bitte sagen, wo ich den Reis finde?"
„Die Reis ist in der Abteilung für Nahrungsmittel direkt vor der Kasse."

„Können Sie mir bitte sagen, wo ich die Schokolade finde?"
„Die Schokolade ist in der Süßwarenabteilung direkt neben dem Tierfutter."

„Können Sie mir bitte sagen, wo ich die Weintrauben finde?"
„Die Weintrauben sind in der Obst- & Gemüseabteilung direkt vor den Backwaren."

„Können Sie mir bitte sagen, wo ich den Schinken finde?"
„Der Schinken ist in der Frischfleischabteilung direkt neben den Backwaren."

„Können Sie mir bitte sagen, wo ich Seife, finde?"
„Die Seife ist bei den Hygieneartikeln direkt neben den Konserven."

„Können Sie mir bitte sagen, wo ich Tabakwaren finde?"
„Die Tabakwaren sind direkt an der Kasse."

„Können Sie mir bitte sagen, wo ich Toilettenpapier finde?"
„Das Toilettenpapier ist bei den Hygieneartikeln direkt neben den Konserven."

„Können Sie mir bitte sagen, wo ich Tomatenmark finde?"
„Das Tomatenmark ist in der Konservenabteilung direkt neben den Hygieneartikeln."

„Können Sie mir bitte sagen, wo ich das Vogelfutter finde?"
„Das Vogelfutter ist in der Abteilung für Tierfutter direkt neben den Süßigkeiten."

„Können Sie mir bitte sagen, wo ich den Wein finde?"
„Der Wein ist in der Spirituosenabteilung direkt neben der Obst- & Gemüseabteilung."

„Können Sie mir bitte sagen, wo ich den Whiskey finde?"
„Der Whiskey ist in der Spirituosenabteilung direkt neben der Obst- & Gemüseabteilung."

„Können Sie mir bitte sagen, wo ich die Wurstwaren finde?"
„Die Wurstwaren sind in der Frischfleischabteilung direkt neben den Backwaren."

„Können Sie mir bitte sagen, wo ich Zigaretten finde?"
„Die Zigaretten sind direkt an der Kasse."

5 Flirten

Aufgabe 2: individuelle Lösung, z.B.:

Youssef	Ulrike
Die Verkäuferin gefällt mir besser als die Tomaten.	Hey, wie meinst du d a s denn?
Isst du auch gerne Tomaten?	Ja, am liebsten als Tomatensalat.
Vielleicht essen wir ja mal zusammen Tomatensalat.	Hmmmmm.
Arbeitest du immer hier?	Nein, das ist ein Mini-Job.
Wann hast du Feierabend?	Heute arbeite ich bis 20 Uhr.
Darf ich dich dann in ein Café einladen?	Heute geht es leider nicht- wie wäre es morgen?

Die Lösungen

6 Im Büro

Aufgabe 3: individuelle Lösung, z.B.:

Fragen der Freundin	Tätigkeit	Antwort von Leilah
Was hast du zuerst gemacht?	ein Fax verschicken	Zuerst habe ich ein Fax verschickt.
Und was hast du danach gemacht?	mit einem Kopierer arbeiten	Danach habe ich mit dem Kopierer gearbeitet.
Was hast du nach der Frühstückspause gemacht?	E-Mails verschicken	Nach der Frühstückspause habe ich E-Mails verschickt.
Musstest du nie etwas schreiben?	Text mit Office-Programm schreiben	Doch, ich habe Texte mit dem Office-Programm geschrieben.
Und was hast du am meisten gemacht?	telefonieren	Am meisten habe ich telefoniert.
Ist dir etwas besonders schwer gefallen?	Rechnungen schreiben	Das Schreiben von Rechnungen ist mir schwer gefallen.
Und was war besonders einfach?	Post sortieren	Das Sortieren der Post fand ich einfach.
War etwas auch besonders langweilig?	Post in Ordner ablegen	Das Ablegen der Post in verschiedene Ordner war langweilig.

7 Sportveranstaltung

Aufgabe 2:

BASKETBALL – Einen Ball in einen Korb werfen.
BILLARD – Kugeln mit einem Queue stoßen.
LEICHTATHLETIK – Laufen, Werfen und Springen.
TENNIS, BADMINTON – Einen Ball über ein Netz schlagen.
FUßBALL – Einen Ball in ein Tor schießen.
WASSERSPORT – Möglichst schnell schwimmen.
RADSPORT – Mit einem Rad möglichst schnell fahren.
WINTERSPORT – Auf Skiern einen Berg runterfahren.

8 Computer, Smartphone & Co

Aufgabe 1:

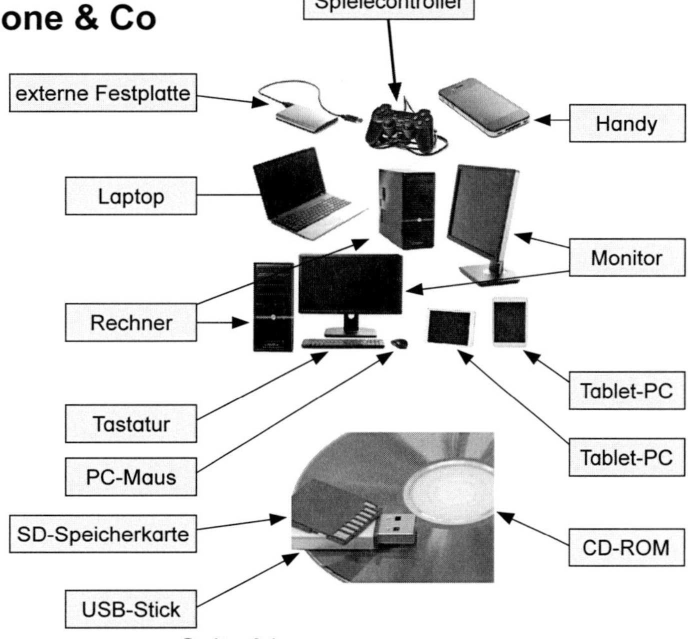

KOHL VERLAG DaZ für Erwachsene
Sprachszenen, Wortschatztraining, Rollenspiele, Situationstraining - Bestell-Nr. 11 888

Die Lösungen

8 **Aufgabe 2:** individuelle Lösung, z.B.:
Wenn ich mit dem PC arbeiten möchte, muss ich zuerst den **Rechner hochfahren**. Das nennt man auch **booten**. Dann logge ich mich mit meinem **Passwort** ein. Jetzt kann ich zum Beispiel **E-Mails abrufen** oder **E-Mails verschicken**, **Texte schreiben** oder **andere Office-Programme** benutzen. Ich kann mich aber auch **ins Internet einloggen**, um zum Beispiel **Nachrichten** zu **lesen**, **Informationen** zu **sammeln** oder einfach nur **Musik** zu **hören** oder **Videos** zu **schauen**. Natürlich kann ich auch online **zocken**. Es gibt viele **Computerspiele** im Internet. Allerdings sollte ich aufpassen, ob bei den Spielen **Kosten** entstehen. Wenn ich den Computer nicht mehr nutzen will, dann sollte ich die **Daten sichern** und den **Rechner** wieder **runterfahren**.

10 Freizeit

Aufgabe 2:

				O	D									S	P				
		X	L	P	M	D	K					L	M	U	P	O	E		
	M	K	Q	Z	I	O	F	X			L	B	X	C	A	Z	W	B	
	D	B	D	G	E	K	B	Y			R	C	G	G	K	R	C	I	
Y	A	B	B	R	E	T	T	S	P	I	E	L	E	J	M	T	F	L	R
H	R	E	V	Z	G	U	Y	U	E	R	A	F	G	S	Q	J	Y	L	Y
G	T	P	U	K	A	R	T	E	N	S	P	I	E	L	E	Z	U	A	T
D	S	I	Y	F	X	N	G	S	S	L	B	N	T	O	H	L	U	R	Z
J	L	T	I	N	L	I	N	E	S	K	A	T	E	N	S	G	S	D	U
G	V	F	K	K	T	H	U	V	E	V	Q	T	J	O	X	L	Y	E	C
	M	Q	B	A	S	K	E	T	B	A	L	L	D	C	L	Z	J	F	
	P	F	X	G	R	D	K	K	C	B	R	O	V	F	U	E	O	Y	
		B	O	I	J	R	T	F	U	ß	B	A	L	L	H	R	F		
			C	V	X	P	C	T	E	X	L	R	B	Q	S	H			
					S	R	A	D	T	O	U	R	E	N					
						A	X	N	P	K	R	N	H						
							M	N	N	N	H	F							
								K	D	A	I								
								T	M	W	N								
									G	F									

Aufgabe 3:
Ich würde in meiner Freizeit gerne **Fußball spielen**.
Ich würde in meiner Freizeit gerne **Inlineskaten**.
Ich würde in meiner Freizeit gerne **Basketball spielen**.
Ich würde in meiner Freizeit gerne **Radtouren machen**.
Ich würde in meiner Freizeit gerne **Brettspiele spielen**.
Ich würde in meiner Freizeit gerne **Kartenspiele spielen**.
Ich würde in meiner Freizeit gerne **Billard spielen**.
Ich würde in meiner Freizeit gerne **Darts spielen**.

Aufgabe 4:
Partner 1: Ich würde in meiner Freizeit gerne **Fußball spielen**.
Partner 2: Ich spiele nicht gerne Fußball. Ich würde in meiner Freizeit lieber **Inlineskaten**.
Partner 1: **Inlineskaten** kann ich nicht. Ich würde in meiner Freizeit aber gerne **Basketball spielen**.
Partner 2: **Basketball spielen** mag ich nicht. Ich würde in meiner Freizeit lieber **Radtouren machen**.
Partner 1: **Radtouren** geht nicht. Ich habe kein Fahrrad. Dafür würde ich in meiner Freizeit aber gerne **Brettspiele spielen**.
Partner 2: **Brettspiele** sind langweilig. Ich würde in meiner Freizeit lieber **Kartenspiele spielen**.
Partner 1: **Kartenspiele** finde ich nicht gut. Ich würde in meiner Freizeit gerne **Billard spielen**.
Partner 2: **Billard spielen** kann ich nicht. Ich würde in meiner Freizeit lieber **Darts spielen**.
Partner 1: **Darts** habe ich noch nie gespielt.

Aufgabe 5: Fitnessstudio:
Vorteile: professionelle Betreuung, individuelle Trainingspläne, modernste Sportgeräte, gemeinsames Training motiviert.
Nachteile: Das Training kostet Geld, Man muss oft einen Vertrag abschließen, es gibt nicht in jeder Stadt ein Studio.

11 Nach dem Weg fragen

Aufgabe 2: individuelle Lösung, z.B.:
Du fährst die Rosenstraße entlang bis zum Kreisverkehr. Dort nimmst du die 2. Ausfahrt zur Münsterstraße. Fahre die Münsterstraße immer geradeaus bis zur Kreuzung Münsterstraße/Hauptstraße Hier biegst du links ab. Dein Ziel liegt nach wenigen Metern auf der linken Seite.

Aufgabe 3: individuelle Lösung, z.B.:
Du fährst die Rosenstraße entlang bis zum Kreisverkehr. Dort nimmst du die 1. Ausfahrt in die „Große Ringstraße". Folge der Straßenführung bis zum Kreisverkehr. Hier nimmst du die 1. Ausfahrt und biegst in die Straße „Am Stadion" ein. Dein Ziel liegt auf der linken Seite.

DaZ für Erwachsene
Sprachszenen, Wortschatztraining, Rollenspiele, Situationstraining - Bestell-Nr. 11 888
KOHL VERLAG